Der Mann, der die Zukunft sah

Edmond Hamilton

Writat

Diese Ausgabe erschien im Jahr 2023

ISBN: 9789359253008

Herausgegeben von
Writat
E-Mail: info@writat.com

DIE ZUKUNFT SAH

Von EDMOND HAMILTON

JEAN DE MARSELAIT , außerordentlicher Inquisitor des Königs von Frankreich, hob den Kopf von den Pergamenten, die auf dem einfachen Schreibtisch, an dem er saß, verstreut lagen. Sein Blick wanderte durch den langen, von Fackeln erhellten Steinmauern zu der Reihe gepanzerter Soldaten, die wie Stahlstatuen an der Tür standen. Ein Wort von ihm und zwei von ihnen sprangen vor.

„Sie können den Gefangenen hereinbringen", sagte er.

Die beiden verschwanden durch die Tür, und kurz darauf ertönte von irgendwo im Gebäude das Klirren von sich öffnenden Riegeln und das Knirschen schwerer Scharniere. Dann das Klirren der heimkehrenden Soldaten, und sie betraten den Raum, zwischen ihnen ein weiterer Mann, dessen Hände gefesselt waren.

Illustriert von MOREY

Er war eine gerade Figur und trug eine triste Tunika und Hose. Sein dunkles Haar war lang und glatt, und sein Gesicht hatte eine träumende Kraft, ganz anders als die ramponierten Gesichter der Soldaten oder die unveränderliche Maske des Inquisitors. Dieser betrachtete den Gefangenen einen Moment lang, dann nahm er eines der Pergamente vor sich und las mit sanfter, klarer Stimme daraus vor.

„Henri Lothière , Apothekergehilfe von Paris", las er, „wird in diesem Jahr unseres Herrn eintausendvierhundertvierundvierzig wegen Vergehen gegen Gott und den König durch die Begehung des Verbrechens der Zauberei angeklagt."

Der Gefangene sprach zum ersten Mal mit leiser, aber ruhiger Stimme. „Ich bin kein Zauberer, Sire."

Jean de Marselait las ruhig vom Pergament weiter. „Viele Zeugen geben an, dass dieser Teil von Paris, von manchen Nanley genannt , seit langem von Werken des Teufels heimgesucht wird. Von Zeit zu Zeit hörte man große Donnerschläge von einem offenen Feld ohne ersichtlichen Grund. Sie wurden offensichtlich von einem mächtigen Zauberer verursacht, da selbst Exorzisten sie nicht aufhalten konnten.

„Viele bezeugen, dass der Angeklagte Henri Lothiere trotz der bekannten teuflischen Natur der Sache viel Zeit auf dem fraglichen Feld verbracht hat. Es wird auch bezeugt, dass der besagte Henri Lothiere angegeben hat, dass seiner Meinung nach die … Donnerschläge seien nicht teuflischen Ursprungs, und ihre Ursache könne entdeckt werden, wenn man sie untersuchte.

„Da man vermutete, dass Henri Lothiere selbst der Zauberer war, der die Donnerschläge verursachte, wurde er beobachtet und am dritten Tag im Juni gesehen, wie er am frühen Morgen mit bestimmten Instrumenten zu dem unheiligen Ort ging. Dort wurde beobachtet, wie er seltsame Dinge erlebte." und teuflische Beschwörungen, als plötzlich ein weiterer Donnerschlag ertönte und der besagte Henri Lothière in diesem Moment tatsächlich völlig aus dem Blickfeld verschwand. Diese Tatsache ist zweifelsfrei bezeugt.

„Als sich die Nachricht verbreitete, beobachteten viele Hunderte an diesem Tag das Feld. In dieser Nacht vor Mitternacht war ein weiterer Donnerschlag zu hören, und diese Hunderte sahen, wie der besagte Henri Lothiere ebenso schnell und seltsam in der Mitte des Feldes auftauchte, wie er verschwunden war . Die angsterfüllten Hunderte rund um das Feld hörten, wie er ihnen erzählte, wie er mit teuflischer Macht Hunderte von Jahren in die Zukunft gereist war, was sicherlich nur dem Teufel und seinen Dienern möglich war, und hörten, wie er vor ihnen andere Gotteslästerungen erzählte packte ihn und brachte ihn zum Inquisitor des Königs und betete, dass er verbrannt würde und seiner Zauberei ein Ende gesetzt würde.

„Deshalb, Henri Lothière , da man gesehen hat, wie man verschwand und wieder auftauchte, wie es nur die Diener des Bösen tun konnten, und viele hörten, wie man die erwähnten Gotteslästerungen aussprach, muss ich Sie als Zauberer verurteilen, mit der Todesstrafe durch Feuer . Wenn es jedoch irgendetwas gibt, was Sie zur Milderung Ihres schwarzen Vergehens tun können, können Sie dies jetzt tun, bevor das endgültige Urteil über Sie gefällt wird.“

Jean de Marselait legte das Pergament nieder und richtete seinen Blick auf den Gefangenen. Letzterer blickte sich einen Moment lang schnell um, einen Moment lang war in seinen Augen ein Hauch von Panik zu erkennen, dann schien er sich zu beruhigen.

„Sire, ich kann das Urteil, das Sie über mich verhängen werden, nicht ändern“, sagte er ruhig, „aber ich möchte gern einmal erzählen, was mit mir passiert ist und was ich gesehen habe. Darf ich das vom ersten bis zum letzten erzählen?“ "

Der Inquisitor neigte den Kopf, und Henri Lothiere sprach, wobei seine Stimme immer stärker und leidenschaftlicher wurde, je weiter er fortfuhr.

„SIRE , ich, Henri Lothiere , bin kein Zauberer, sondern ein einfacher Apothekergehilfe. Von frühester Jugend an lag es in meiner Natur, den Wunsch zu verspüren, in Dinge einzutauchen, die den Menschen unbekannt sind: die Geheimnisse der Erde, des Meeres und des Himmels, das verborgene Wissen.“ Ich wusste genau, dass das böse war, dass die Kirche alles lehrt, was wir wissen müssen, und dass der Himmel die Stirn runzelt, wenn wir in seine Geheimnisse eindringen, aber mein Wunsch, es zu wissen, war so stark, dass ich mich oft mit verbotenen Dingen beschäftigte.

„Ich hatte versucht, die Natur der Blitze und die Flugweise der Vögel kennenzulernen und die Art und Weise, wie Fische unter Wasser leben können, und das Geheimnis der Sterne. Als diese Donnerschläge zu hören begannen In dem Teil von Paris, in dem ich lebte, fürchtete ich sie nicht so sehr wie meine Nachbarn. Ich wollte nur erfahren, was ihre Ursache war, denn es schien mir, als könnte man ihre Ursache herausfinden.

„ Also begann ich, zu dem Feld zu gehen, aus dem sie kamen, um sie zu studieren. Ich wartete darin und zweimal hörte ich selbst die großen Donnerschläge. Ich dachte, sie kämen aus der Nähe der Feldmitte, und ich studierte diesen Ort. Aber ich konnte Ich sehe dort nichts, was sie verursacht hätte. Ich habe in der Erde gegraben, ich habe stundenlang in den Himmel geschaut, aber da war nichts. Und immer noch ertönten in Abständen die Donnerschläge.

„Ich ging immer noch auf das Feld, obwohl ich wusste, dass viele meiner Nachbarn flüsterten, dass ich Zauberei übe. An diesem Morgen des dritten Junitages kam mir der Gedanke, bestimmte Instrumente, wie zum Beispiel Ladesteine, mitzunehmen.“ Ich ging zum Feld, um zu sehen, ob man mit ihnen etwas lernen könnte. Ich ging, ein paar Abergläubische folgten mir in einiger Entfernung. Ich erreichte die Mitte des Feldes und begann mit den Prüfungen, die ich geplant hatte. Dann ertönte plötzlich ein weiterer Donnerschlag und mit ihm bestand ich aus den Augen derer, die ihm gefolgt waren und zusahen, verschwand aus dem Blickfeld.

„Sire, ich kann nicht genau beschreiben, was in diesem Moment geschah. Ich hörte den Donnerschlag, als käme er aus der ganzen Luft um mich herum und überwältigte meine Ohren mit seinem schrecklichen Knall. Und im selben Moment, als ich ihn hörte, wurde ich erschüttert Es schien, als würde es von furchtbaren Winden in die Tiefe getrieben und durch furchtbare Tiefen hinabstürzen. Dann spürte ich, wie ich durch den höllischen Aufruhr auf einer harten Oberfläche aufschlug, und die Geräusche um mich herum verstummten schnell.

„Bei dem großen Donnerschlag hatte ich unwillkürlich die Augen geschlossen, aber jetzt öffnete ich sie langsam. Ich sah mich um, zuerst verblüfft und dann zunehmend verwundert. Denn ich befand mich überhaupt nicht auf diesem vertrauten Gebiet, Sire Ich war einen Moment zuvor dort gewesen. Ich befand mich in einem Raum, lag auf dem Boden, und es war ein Raum, wie ich ihn noch nie zuvor gesehen hatte.

„Seine Wände waren glatt und weiß und glänzend. Es gab Fenster in den Wänden, und sie waren mit Glasscheiben verschlossen, die so glatt und klar waren, dass man den Eindruck hatte, als sähe man durch eine klare Öffnung und nicht durch Glas. Der Boden war aus Stein, glatt und Nahtlos, als wäre es aus einem einzigen großen Felsen gehauen, schien es aber in gewisser Weise überhaupt kein Stein zu sein. Darin war ein großer Kreis aus glattem Metall eingelassen, und darauf lag ich.

„Überall im Raum befanden sich viele großartige Dinge, wie ich sie noch nie gesehen hatte. Einige schienen aus schwarzem Metall zu sein, schienen Vorrichtungen oder Maschinen zu sein. Schwarze Drahtschnüre verbanden sie miteinander und aus einem Teil von ihnen kam ein summendes Geräusch Das hörte nicht auf. An anderen waren Glasröhren an der Vorderseite befestigt, und es gab quadratische schwarze Platten, auf denen sich viele glänzende kleine Griffe und Knöpfe befanden.

„Es waren Stimmen zu hören, und als ich mich umdrehte, sah ich, dass sich zwei Männer über mich beugten. Es waren Männer wie ich, aber gleichzeitig waren sie wie kein anderer Mann, den ich jemals getroffen hatte! Der eine war weißbärtig, der andere.“ rundlich und ohne Gesicht. Keiner von ihnen trug einen Umhang, keine Tunika oder Hose. Stattdessen trugen sie lockere und gerade hängende Kleidungsstücke aus Stoff.

„Es schien, dass sie beide sehr aufgeregt waren und miteinander redeten, während sie sich über mich beugten. Ich verstand sofort ein oder zwei Wörter ihrer Rede und stellte fest, dass sie Französisch sprachen. Aber es war kein Französisch.“ Ich wusste es, da ich so seltsam war und so viele neue Wörter hatte, dass es sich fast um eine andere Sprache handelte. Ich konnte jedoch verstehen, worum es bei dem, was sie sagten, ging.

„„Es ist uns gelungen!' der Dicke schrie aufgeregt: „Endlich haben wir jemanden durchgebracht!"

„„Sie werden es nie glauben', antwortete der andere. ‚Sie werden sagen, es sei eine Fälschung.'

"'Unsinn!' rief der erste. „Wir können es wieder schaffen, Rastin ; wir können es ihnen vor ihren eigenen Augen zeigen!"

„Sie beugten sich zu mir und sahen, wie ich sie anstarrte.

"'Woher kommst du?' schrie der rundliche. „Welche Zeit – welches Jahr – welches Jahrhundert?"

„„Er versteht es nicht, Thicourt ', murmelte der Weißbärtige. ‚Welches Jahr ist das jetzt, mein Freund?' er fragte mich.

„Ich fand die Stimme, um zu antworten. ‚Sicherlich, meine Herren, wer auch immer Sie sind, Sie wissen, dass wir das Jahr vierzehnhundertvierundvierzig schreiben', sagte ich.

„Das versetzte sie wieder in ein aufgeregtes Geplapper, von dem ich hier und da nur ein Wort verstehen konnte. Sie hoben mich hoch, als sie sahen, wie krank und schwach ich mich fühlte, und setzten mich auf einen seltsamen, aber sehr bequemen Stuhl . Ich fühlte mich benommen. Die beiden redeten immer noch aufgeregt, aber schließlich drehte sich der Weißbärtige, Rastin , zu mir um. Er sprach mit mir, sehr langsam, damit ich ihn klar verstand, und er fragte mich nach meinem Namen. Ich sagte es ihn.

„„Henri Lothiere ', wiederholte er. ‚Nun, Henri, Sie müssen versuchen zu verstehen. Sie befinden sich nicht jetzt im Jahr 1444. Sie befinden sich fünfhundert Jahre in der Zukunft, oder was Ihnen als Zukunft erscheinen würde. Das ist die Jahr 1944.'

„„Und Rastin und ich haben dich fünf Jahrhunderte lang aus deiner eigenen Zeit gerissen', sagte der andere grinsend.

„Ich schaute von einem zum anderen. ‚Herren', flehte ich und Rastin schüttelte den Kopf.

„„Er glaubt nicht‘, sagte er zu dem anderen. Dann zu mir: ‚Wo warst du, kurz bevor du hier warst, Henri?‘ er hat gefragt.

„„Auf einem Feld am Stadtrand von Paris‘, sagte ich.

„„Nun, schauen Sie aus diesem Fenster und sehen Sie, ob Sie noch an Ihr Paris aus dem 15. Jahrhundert glauben.‘

„ICH GING zum Fenster. Ich schaute hinaus. Mutter Gottes, was für ein Anblick vor meinen Augen! Die vertrauten grauen kleinen Häuser, die offenen Felder dahinter, die Spaziergänger in den unbefestigten Straßen – all das war verschwunden und es war etwas Neues.“ und schreckliche Stadt, die um mich herum lag! Ihre breiten Straßen waren aus Stein und große Gebäude mit vielen Ebenen erhoben sich zu beiden Seiten. Eine große Anzahl von Menschen, gekleidet wie die beiden neben mir, bewegten sich in den Straßen und auch seltsame Fahrzeuge oder Kutschen, ungezogen von Pferd oder Ochse, der mit ungeahnter Geschwindigkeit hin und her raste! Ich taumelte zurück zum Stuhl.

„Glaubst du jetzt, Henri?‘ fragte der Weißbart Rastin freundlich und ich nickte schwach. Mein Gehirn drehte sich.

„Er zeigte auf den Kreis aus Metall auf dem Boden und die Maschinen im Raum. ‚Das sind die Dinge, mit denen wir Sie von Ihrer eigenen Zeit in diese gerissen haben‘, sagte er.

„„Aber wie, meine Herren?‘ Ich fragte: „Um Gottes willen, wie kommt es, dass ihr mich von einer Zeit zur anderen mitnehmen könnt? Seid ihr Götter oder Teufel geworden?“

„„Weder das eine noch das andere, Henri‘, antwortete er. ‚Wir sind einfach Wissenschaftler, Physiker – Männer, die so viel wissen wollen, wie der Mensch wissen kann, und die ihr Leben damit verbringen, nach Wissen zu suchen.‘

„Ich spürte, wie mein Selbstvertrauen zurückkehrte. Das waren Männer, von denen ich geträumt hatte, dass sie eines Tages sein könnten. ‚Aber was kann man mit der Zeit anfangen?‘ Ich fragte: „Ist die Zeit nicht etwas Unveränderliches, Unveränderliches?“

„Beide schüttelten den Kopf. ‚Nein, Henri, das ist es nicht. Aber in letzter Zeit haben unsere Wissenschaftler das herausgefunden.'

„Sie erzählten mir weiter von Dingen, die ich nicht verstehen konnte. Es schien, als wollten sie erzählen, dass ihre Wissenden die Zeit als bloße Messung oder Dimension betrachtet hätten, genau wie Länge, Breite oder Dicke. Sie erwähnten Namen mit Ehrfurcht." die ich noch nie gehört hatte – Einstein und De Sitter und Lorentz. Ich war wie verwirrt über ihre Worte.

„ Sie sagten, so wie Menschen Kraft anwenden, um Materie von einem Punkt entlang der drei bekannten Maße zu einem anderen zu bewegen oder zu drehen, könnte auch Materie von einem Zeitpunkt, dem vierten Maß, zu einem anderen gedreht werden, wenn die richtige Kraft angewendet würde. Sie sagten, dass ihre Maschinen diese Kraft erzeugten und sie auf den Metallkreis von vor fünfhundert Jahren bis zu ihrer Zeit anwendeten.

„Sie hätten es viele Male versucht, sagten sie, aber zu diesem Zeitpunkt sei nichts an der Stelle gewesen und sie hätten nur die Luft darüber von einem Mal zum anderen und umgekehrt gedreht. Ich habe ihnen von den Donnerschlägen erzählt." Man hatte an der Stelle auf dem Feld gehört und das hatte mich neugierig gemacht. Sie sagten, dass sie dadurch verursacht worden seien, dass sich die Luft über der Stelle während ihrer Versuche von Zeit zu Zeit verändert habe . Ich konnte diese Dinge nicht verstehen.

„ Sie sagten damals, dass ich zufällig an Ort und Stelle gewesen sei, als sie ihre Streitkräfte wieder eingeschaltet hätten, und so aus meiner eigenen Zeit in ihre eigene versetzt worden sei. Sie sagten, sie hätten immer gehofft, jemanden aus einer fernen Zeit zum Leben zu erwecken." auf diese Weise, denn ein solcher Mann wäre für alle anderen Männer ein Beweis dafür, dass sie wussten, wozu sie fähig waren.

„Ich konnte es nicht verstehen, und sie sahen es und sagten mir, ich solle keine Angst haben. Ich hatte keine Angst, sondern war aufgeregt wegen der Dinge, die ich um mich herum sah. Ich fragte nach diesen Dingen und Rastin und Thicourt lachten und erklärten mir einige davon als." So gut sie konnten. Vieles sagten sie, was ich nicht verstand, aber meine Augen sahen Wunder in diesem Raum, von denen ich nie geträumt hatte.

„Sie zeigten mir so etwas wie eine kleine Glasflasche mit Drähten darin und sagten mir dann, ich solle einen Knopf darunter drücken. Ich tat es und die Flasche leuchtete in einem strahlenden Licht, das das von Dutzenden Kerzen übertraf. Ich schreckte zurück, aber sie lachte, und als Rastin den Knopf erneut drückte, verschwand das Licht in dem Glasding. Ich sah, dass es viele dieser Dinger an der Decke gab.

„Sie zeigten mir auch einen runden schwarzen Gegenstand aus Metall mit einem Rad am Ende. Ein Riemen lief um das Rad und um kleinere Räder, die mit vielen Maschinen verbunden waren. Sie berührten einen Hebel an diesem Gegenstand und ein summendes Geräusch kam von ihm und das Das Rad drehte sich sehr schnell und drehte alle Maschinen mit dem Riemen. Es drehte sich schneller, als irgendein Mensch jemals hätte drehen können, doch als sie den Hebel erneut berührten, hörte es auf, sich zu drehen. Sie sagten, es sei die Kraft des Blitzes am Himmel dass sie das Licht machten und das Rad drehten!

„Mir schwankte der Kopf angesichts der Wunder, die sie zeigten. Einer nahm ein Instrument vom Tisch, hielt es sich vors Gesicht und sagte, dass er die anderen Wissenschaftler oder Männer des Wissens an diesem Abend zu sich rufen würde, um ihr Experiment zu sehen. Er sprach in das Instrument: aber zu verschiedenen Männern, und lasst mich Stimmen von ihm hören, die ihm antworteten! Sie sagten, dass die Männer, die antworteten, Meilen von ihm entfernt waren!

„Ich konnte es nicht glauben – und doch glaubte ich irgendwie! Ich war halb benommen vor Staunen und doch auch aufgeregt. Der weißbärtige Mann Rastin sah das und ermutigte mich. Dann brachten sie eine kleine Schachtel mit einer Öffnung und legte eine schwarze Scheibe auf die Kiste und drehte sie auf irgendeine Weise. Aus der Öffnung der Kiste ertönte eine Frauenstimme, die sang. Ich schauderte, als sie mir sagten, dass es sich bei der Frau um eine Frau handelte, die vor Jahren gestorben war. Konnten die Toten sprechen? daher?

„WIE soll ich beschreiben, was ich dort gesehen habe? Dort war noch eine Kiste oder ein Schrank, ebenfalls mit einer Öffnung. Ich dachte, es wäre so wie das, aus dem ich die tote Frau singen gehört hatte, aber sie sagten, es sei anders. Sie berührten Knöpfe daran Und eine Stimme erklang daraus und sprach in einer Sprache, die ich nicht kannte. Sie sagten, der Mann spreche Tausende von Meilen von uns entfernt, in einem fremden Land jenseits des unerschlossenen westlichen Ozeans, und doch schien er an meiner Seite zu sprechen!

„Sie sahen, wie benommen ich von diesen Dingen war, und gaben mir Wein. Da fasste ich Mut, denn zumindest der Wein war so, wie er immer gewesen war.“

,„Du wirst Paris sehen wollen – das Paris unserer Zeit, Henri?‘ fragte Rastin .

,„Aber es ist anders – schrecklich –‘, sagte ich.

,„Wir nehmen dich‘, sagte Thicourt , ‚aber zuerst deine Kleidung …‘

„Er bekam einen langen, leichten Mantel, den sie mir anziehen ließen, der meine Tunika und Hose bedeckte, und einen Hut von grotesker runder Form, den sie mir aufsetzten. Dann führten sie mich aus dem Gebäude und auf die Straße.“

„Ich schaute verblüfft die Straße entlang. Zu beiden Seiten gab es einen erhöhten Gehweg, auf dem viele Hunderte von Menschen hin und her gingen , alle auf ebenso seltsame Weise gekleidet. Viele, wie Rastin und Thicourt , schienen von sanftem Blut zu sein, doch Trotzdem trugen sie weder ein Schwert noch einen Dolch. Es gab weder Ritter noch Knappen, noch Priester oder Bauern. Alle schienen weitgehend gleich gekleidet zu sein.

„Kleine Burschen rannten hin und her und verkauften scheinbar Blätter aus sehr dünnem weißem Pergament, die oft gefaltet und mit Buchstaben bedeckt waren. Rastin sagte, dass auf ihnen alles geschrieben sei, was auf der ganzen Welt passiert sei, sogar nur wenige Stunden zuvor. Ich sagte dass ein Angestellter viele Tage brauchen würde, um auch nur eines dieser Blätter zu schreiben , aber sie sagten, dass das Schreiben auf irgendeine Weise sehr schnell von Maschinen erledigt wurde.

„Auf der breiten Steinstraße zwischen den beiden erhöhten Gehwegen rasten die seltsamen Fahrzeuge hin und her, die ich vom Fenster aus gesehen hatte. Es gab kein Tier, das eines von ihnen zog oder schubste, und doch stoppten sie nie in ihrem schnellen Lauf und trugen viele Menschen mit unvorstellbarer Geschwindigkeit. Manchmal traten diejenigen, die gingen, vor die heranrasenden Fahrzeuge, und dann ertönten von ihnen schreckliche warnende Knurren oder Stöhnen, die die Spaziergänger zurückweichen ließen.

„Eines der Fahrzeuge stand vor uns am Rande des Gehwegs, und wir stiegen ein und setzten uns Seite an Seite auf einen weichen Ledersitz. Thicourt saß hinter einem Rad auf einem Pfosten, mit Hebeln neben sich. Er berührte diese und ein summendes Geräusch ertönte von irgendwo im Fahrzeug und dann begann auch es vorwärts zu rasen. Immer schneller ging es die Straße entlang, doch keiner von ihnen schien Angst zu haben.

„Viele Tausende dieser Fahrzeuge bewegten sich schnell durch die Straßen um uns herum. Wir fuhren weiter, zwischen großen Gebäuden und breiteren Straßen, meine Augen und Ohren waren betäubt von dem, was ich um mich herum sah. Dann wurden die Gebäude kleiner, nachdem wir losgefahren waren Meilen durchquerten wir sie, und wir fuhren durch die Außenbezirke der Stadt. Ich konnte kaum glauben, dass es Paris war, in dem ich war.

„Wir kamen zu einem großen, flachen und offenen Feld außerhalb der Stadt, und dort hielt Thicourt an und wir stiegen aus dem Fahrzeug. Am Ende des Feldes befanden sich große Gebäude, und ich sah andere Fahrzeuge über das Feld herausrollen, andere als die anderen." alle, die ich bisher gesehen hatte, mit flachen, flügelähnlichen Vorsprüngen auf beiden Seiten. Sie rollten sehr schnell über das Feld, und dann schrie ich auf, als ich sie vom Boden in die Luft steigen sah. Mutter Gottes, sie flogen! Die Männer drin sie flogen!

„ Rastin und Thicourt führten mich zu den großen Gebäuden. Sie sprachen dort mit Männern und einer brachte eines der geflügelten Autos. Rastin sagte mir, ich solle einsteigen, und obwohl ich schreckliche Angst hatte, war es eine zu schreckliche Faszination, die mich anzog Thicourt und Rastin traten hinter mir ein, und wir saßen mit dem anderen Mann auf den Sitzen . Er hatte Hebel und Knöpfe vor sich , während an der Vorderseite des Wagens ein großes Ding wie ein Doppelruder oder ein Paddel war. Ein lautes Brüllen ertönte und so weiter Das Doppelblatt begann sich so schnell zu drehen, dass ich es nicht sehen konnte. Dann rollte das Auto schnell vorwärts, stieß auf den Boden und hörte dann auf zu stoßen. Ich schaute nach unten und schauderte dann. Der Boden war schon tief unter mir! Auch ich, flog in der Luft!

„Wir rasten mit schrecklicher Geschwindigkeit nach oben, die stetig zunahm. Das Donnern des Wagens war furchtbar, und als der Mann an den Hebeln ihre Position änderte, drehten wir uns hin und her, nach unten und nach oben, als wären wir Vögel. Rastin versuchte mir zu erklären, wie das ging.“ Das Auto flog, aber es war allzu wunderbar und ich konnte es nicht verstehen. Ich wusste nur, dass mich eine wilde, aufregende Aufregung erfüllte und dass es Leben und Tod wert war , so zu fliegen, und sei es nur einmal, wie ich es immer geträumt hatte dass Männer es eines Tages tun könnten.

„Höher und höher gingen wir. Die Erde lag tief unter uns und ich erkannte jetzt, dass Paris tatsächlich eine mächtige Stadt war, deren riesige Gebäudemasse sich fast bis zum Horizont unter uns erstreckte. Eine mächtige Stadt der Zukunft, die ihr gegeben worden war.“ Augen zum Anschauen!

„Um uns herum schossen andere geflügelte Wagen in der Luft hin und her , und es hieß, dass viele von ihnen eine Reise über Hunderte von Meilen in der Luft begannen oder beendeten. Dann schrie ich auf, als ich eine große Gestalt auf uns zukommen sah Die Luft. Es war viele Stäbe lang und verjüngte sich an beiden Enden, ein riesiges Schiff, das in der Luft segelte! Auf seinem unteren Teil befanden sich große Kabinen, und in ihnen sahen wir Menschen, die hinausschauten, hineinkamen und gingen und sogar tanzten Sie erzählten mir, dass riesige Luftschiffe wie dieses Tausende von Meilen hin und her segelten, mit Hunderten an Bord.

„Das riesige Luftschiff flog an uns vorbei und dann begann unser geflügeltes Auto zu sinken. Es kreiste sanft wie ein herabstürzender Vogel auf das Feld, und als wir dort landeten, führten mich Rastin und Thicourt zurück zum Bodenfahrzeug. Es Es war inzwischen Spätnachmittag, die Sonne sank nach Westen, und als wir zurück in die große Stadt fuhren, war es schon dunkel.

„Aber in dieser Stadt herrschte keine Dunkelheit! Überall waren Lichter, blitzende, strahlende Lichter, die von ihren mächtigen Gebäuden strahlten und die blinkten und brannten und wie Wasser in großen Symbolen auf die Gebäude über den Straßen liefen. Ihr Glanz war wie der des Tages." Wir hielten vor einem großen Gebäude, in das mich Rastin und Thicourt führten.

„Es war innen riesig und darin befanden sich viele Menschen in Reihen auf Sitzreihen. Zuerst dachte ich, es sei eine Kathedrale, aber bald wurde mir klar, dass es keine war. Die Wand an einem Ende, auf die alle darin blickten, war es darauf Bilder von Menschen, riesig groß, und diese Bilder bewegten sich, als wären sie lebendig! Und sie redeten auch miteinander, als wären sie mit lebendigen Stimmen! Ich zitterte. Was für ein Zauber!

„Als Rastin und Thicourt neben mir saßen, betrachtete ich die Bilder gebannt. Es war, als würde ich durch ein großes Fenster in fremde Welten blicken Riesiges Schiff von unglaublicher Größe, ohne Segel oder Ruder, das Tausende von Menschen fasste. Ich schien auf diesem Schiff zu sein, während ich zusah, schien mich mit ihm vorwärts zu bewegen. Sie sagten mir, es segelte über den westlichen Ozean, den noch nie ein Mensch überquert hatte. Ich hatte Angst!

„Dann eine weitere Szene, Land taucht vom Schiff aus auf. Eine große Statue hält eine Fackel hoch, und wir auf dem Schiff schienen darunter hindurchzufahren. Sie sagten, dass sich das Schiff einer Stadt näherte, der Stadt New York, aber Nebel verbarg alles zuvor." uns. Dann lichteten sich plötzlich die Nebel vor dem Schiff und vor mir schien die Stadt zu sein.

„MUTTER Gottes, was für eine Stadt! Eine Reihe großer, bergartiger Gebäude ragten empor, als wollten sie den Himmel selbst erklimmen! Weit darunter durchzogen enge Gassen und auf dem Bild schienen wir vom Schiff aus zu landen, zu gehen." durch diese Straßen der Stadt. Es war eine unglaubliche Stadt des Wahnsinns! Die Straßen und Wege waren bloße Abgründe zwischen den himmelhohen Gebäuden! Menschen – Menschen – Menschen – Millionen und Abermillionen von ihnen rasten durch die endlosen Straßen. Unzählige Bodenfahrzeuge rasten auch hin und her , und andere, die über den Straßen brüllten, und noch andere, die unter ihnen brüllten!

„Geflügelte fliegende Autos und große Luftschiffe segelten über der Titanenstadt hin und her , und in den Gewässern um sie herum kamen große Meeresschiffe und kleinere Schiffe, wie sich der Mensch sicherlich nie hätte träumen lassen, die von der mächtigen Stadt aus über alles hinausreichten." Und als die Dunkelheit hereinbrach, erstrahlte die Stadt in lebendigem Licht!

„Die Bilder veränderten sich, zeigten andere mächtige Städte, aber keine war so schrecklich wie diese gossen geschmolzenes Metall wie Wasser aus ihnen heraus, andere hoben Lasten, die Hunderte von Männern und Ochsen nicht hätten bewegen können.

„Sie zeigten neben mir Männer mit Wissen wie Rastin und Thicourt . Einige waren Heiler, die Wunderheilungen auf eine Weise vollbrachten, die ich nicht verstehen konnte. Andere starrten durch riesige Röhren auf die Sterne, und die Bilder zeigten, was sie sahen, zeigten das alles." Von den Sternen gab es große Sonnen wie unsere Sonne, und dass unsere Sonne größer als die Erde war, dass sich die Erde um sie herum bewegte und nicht umgekehrt! Wie konnte so etwas sein, fragte ich mich. Und doch sagten sie, dass es so sei, dass die Erde rund sei wie ein Apfel, und dass sich andere Erden wie diese, die Planeten, um die Sonne bewegten. Ich hörte es, konnte es aber kaum verstehen.

"Zu guter Letzt Rastin und Thicourt führten mich aus diesem Ort der lebenden Bilder heraus und zu ihrem Bodenfahrzeug. Wir gingen noch einmal durch die Straßen zu ihrem Gebäude, wo ich mich zuerst befunden hatte. Als wir gingen, sah ich, dass niemand mein Recht, gehen zu dürfen, in Frage stellte und auch nicht fragte, wer mein Herr sei. Und Rastin sagte, dass jetzt keiner mehr Herren hätte, sondern dass alle Herren, Könige, Priester und Adlige seien und nicht mehr Macht hätten als alle anderen im Land. Jeder Mann war sein eigener Herr! Das war es, worauf ich zu meiner Zeit kaum zu hoffen gewagt hatte, und dies war meiner Meinung nach das größte aller Wunder, die sie mir gezeigt hatten!

„Wir betraten erneut ihr Gebäude, aber Rastin und Thicourt führten mich zuerst in einen anderen Raum als den, in dem ich mich befand. Sie sagten, dass ihre Männer des Wissens dort versammelt seien, um von ihrer Leistung zu hören und sie sich beweisen zu lassen.“

„„Du hättest keine Angst, in deine eigene Zeit zurückzukehren, Henri?‘ fragte Rastin und ich schüttelte den Kopf.

„„Ich möchte dorthin zurückkehren‘, sagte ich ihnen. ‚Ich möchte meinen Leuten dort sagen, was ich gesehen habe — welche Zukunft sie anstreben müssen.‘

„„Aber wenn sie dir nicht glauben sollten?‘ fragte Thicourt .

„„ Trotzdem muss ich gehen — muss es ihnen sagen‘, sagte ich.

„ Rastin ergriff meine Hand. ‚Du bist ein Mann, Henri‘, sagte er. Dann warfen sie den Umhang und die Mütze, die ich draußen getragen hatte, beiseite und gingen mit mir hinunter in den großen, weißwandigen Raum, in dem ich mich zuerst befunden hatte.

„Es wurde jetzt von vielen der glänzenden Glasdinger an der Decke und an den Wänden hell erleuchtet, und darin befanden sich viele Männer. Sie starrten mich und meine Kleidung alle seltsam an und redeten so aufgeregt, dass ich es nicht verstehen konnte. Rastin begann zu sprechen Adressieren sie.

„Er schien zu erklären, wie er mich von meiner eigenen Zeit in die seine gebracht hatte. Er benutzte viele Begriffe und Wörter, die ich nicht verstehen konnte, unverständliche Anspielungen und Phrasen, und ich konnte nur wenig verstehen. Ich hörte wieder die Namen von Einstein und De Sitter Das hatte ich schon einmal gehört und wurde von diesen Männern oft wiederholt, als sie mit Rastin und Thicourt stritten . Sie schienen über mich zu streiten.

„Ein großer Mann sagte: ‚Unmöglich! Ich sage dir, Rastin , du hast diesen Kerl vorgetäuscht!‘

„ Rastin lächelte. ‚Glauben Sie nicht, dass Thicourt und ich ihn aus seiner Zeit über fünf Jahrhunderte hierher gebracht haben?‘

„Ein Chor aufgeregter Neger antwortete ihm. Er ließ mich aufstehen und mit ihnen sprechen. Sie stellten mir viele Fragen, von denen ich einige nicht verstehen konnte. Ich erzählte ihnen von meinem Leben und von der Stadt meiner Zeit und …“ von Königen, Priestern und Adligen und von vielen einfachen Dingen, von denen sie anscheinend keine Ahnung hatten. Einige schienen mir zu glauben, andere jedoch nicht, und erneut brach ihr Streit aus.

„‚Es gibt eine Möglichkeit, den Streit beizulegen, meine Herren‘, sagte Rastin schließlich.

„'Wie?' alle weinten.

„‚ Thicourt und ich brachten Henri durch fünf Jahrhunderte, indem wir die Zeitdimensionen an dieser Stelle drehten‘, sagte er. ‚Angenommen, wir kehren diese Rotation um und schicken ihn vor Ihren Augen zurück – wäre das ein Beweis?‘

„Sie sagten alle, dass es so sein würde. Rastin drehte sich zu mir um. ‚Stell dich auf den Metallkreis, Henri‘, sagte er. Ich tat es.

„Alle schauten sehr genau zu. Thicourt machte schnell etwas mit den Hebeln und Knöpfen der Mechanismen im Raum. Sie begannen zu summen, und bei einigen kam blaues Licht aus den Glasröhren. Alle waren still und beobachteten mich, als ich dort stand Der Kreis aus Metall. Ich sah Rastin in die Augen und etwas in mir veranlasste mich, ihm „Auf Wiedersehen" zu rufen. Er wedelte mit der Hand und lächelte. Thicourt drückte weitere Knöpfe und das Summen der Mechanismen wurde lauter. Dann griff er nach einem anderen Hebel. Alles in der Der Raum war angespannt und ich war angespannt.

„Dann sah ich, wie sich Thicourts Arm bewegte, als er einen der vielen Hebel betätigte.

„Um mich herum schien ein gewaltiger Donnerschlag zu brechen, und als ich vor seinem Schock die Augen schloss, spürte ich, wie ich herumwirbelte und gleichzeitig in einen Strudel fiel, genau wie ich es zuvor getan hatte. Das schreckliche Fallgefühl." schlagartig verstummte und das Geräusch verstummte. Ich öffnete meine Augen. Ich lag auf dem Boden in der Mitte des vertrauten Feldes, von dem ich Stunden zuvor am Morgen dieses Tages verschwunden war. Allerdings war es jetzt Nacht Tag, an dem ich fünfhundert Jahre in der Zukunft verbracht hatte.

„Viele Menschen versammelten sich ängstlich um das Feld und schrien und einige flohen, als ich im Donnerschlag auftauchte. Ich ging auf die zurück, die noch übrig waren. Mein Kopf war voller Dinge, die ich gesehen hatte, und ich wollte ihnen davon erzählen." Ich wollte ihnen sagen, wie sie immer auf diese zukünftige Zeit der Wunder hinarbeiten müssen.

„Aber sie hörten nicht zu. Noch bevor ich eine Minute mit ihnen gesprochen hatte, beschimpften sie mich als einen Zauberer und Gotteslästerer, ergriffen mich und brachten mich hierher zum Inquisitor, zu Ihnen, Sire. Und zu Ihnen, Sire, habe ich Ich habe in allen Dingen die Wahrheit gesagt. Ich weiß, dass ich damit das Siegel meines eigenen Schicksals gesetzt habe und dass nur ein Zauberer jemals eine solche Geschichte erzählen würde, und dennoch bin ich froh. Ich bin froh, dass ich es zumindest jemandem erzählt habe von dieser Zeit von dem, was ich fünf Jahrhunderte in der Zukunft gesehen habe. Ich bin froh, dass ich es gesehen habe! Ich bin froh, dass ich die Dinge gesehen habe, die eines Tages, irgendwann, geschehen müssen –"

Eine Woche später verbrannten sie HENRI Lothiere . Jean de Marselait hob den Blick von seinen endlosen Pergamentvorwürfen und Prüfungen an diesem Nachmittag und blickte durch das Fenster auf eine dicke schwarze Rauchwolke, die vom fernen Platz aufstieg.

„Seltsam, das hier", sinnierte er. „Natürlich ein Zauberer, aber so einen, den ich noch nie zuvor gehört hatte. Ich frage mich", flüsterte er halb, „war an seiner wilden Geschichte etwas dran? Die Zukunft – wer kann das sagen – was Menschen tun könnten." –?"

Es herrschte Stille im Raum, während er einen Moment lang grübelte, dann schüttelte er sich, als würde er sich von absurden Spekulationen befreien. „Aber meine Güte – genug von diesen verrückten Fantasien. Sie werden mich zum Zauberer machen, wenn ich diesen wilden Fantasien und Zukunftsvisionen nachgebe . "

Und er beugte sich wieder mit seiner Feder über das Pergament vor ihm und fuhr ernsthaft mit seiner Arbeit fort.

DAS ENDE

www.ingramcontent.com/pod-product-compliance
Lightning Source LLC
Chambersburg PA
CBHW051411130726
47987CB00007B/2956